LA VÉRITÉ

SUR LES

ÉTATS CONFÉDÉRÉS

D'AMÉRIQUE

PARIS

IMPRIMERIE DE L. TINTERLIN ET C°

Rue Neuve-des-Bons-Enfants, 3.

Imp. Lemercier, rue de Seine, Paris.

Jeff Davis.

Prem. Présid.t des Etats Confédérés d'Amérique.

LA VÉRITÉ

SUR LES

ÉTATS CONFÉDÉRÉS

D'AMÉRIQUE

PAR

EDWIN DE LÉON

EX-AGENT DIPLOMATIQUE ET CONSUL-GÉNÉRAL DES ÉTATS-UNIS
POUR L'ÉGYPTE ET SES DÉPENDANCES

PARIS

E. DENTU, LIBRAIRE-ÉDITEUR

PALAIS-ROYAL, 13 ET 17, GALERIE D'ORLÉANS

—

1862

LA VÉRITÉ

SUR LES

ÉTATS CONFÉDÉRÉS

D'AMÉRIQUE

Depuis plus d'une année, il a été si rare d'obtenir des informations authentiques sur la situation actuelle des États Confédérés d'Amérique, que ceux qui ont eu à cœur de se tenir au courant des questions de politique générale, ne liront peut-être pas sans intérêt les impressions recueillies dans cette partie du Nouveau-Monde par un témoin oculaire. Ils seront également curieux de connaître les hautes qualités militaires et d'homme d'État qui ont valu à Jefferson Davis son titre de Président, et les sentiments unanimes de tout un peuple qui, combattant pour son indépendance et sa Constitution, se montre digne, comme dernièrement l'Italie, d'être reconnu par les nations de l'Europe.

Je quittai l'Angleterre le 2 janvier dernier, dans le but de visiter les États du Sud et de me rendre compte des événements qui ont amené leur séparation des États du Nord. J'arrivai à la Nouvelle-Orléans au commencement de février, ayant échappé à la poursuite des croiseurs fédéraux détachés de l'escadre préposée au blocus de cette partie du littoral, puis je me rendis à Richmond.

Après plusieurs mois d'un séjour des plus intéressants dans la capitale de la jeune république, après un examen attentif des points les plus importants de la Confédération, nous sommes rentrés en Europe en forçant de nouveau le blocus, par le port de Wilmington, dans la Caroline du Nord.

Comme renseignement pour ceux qui auraient à entreprendre un semblable voyage, il suffira de dire que nous sommes allés et revenus par la ligne indirecte des steamers du

Sud (1), ligne très-rapide, quoique incertaine quant aux époques de départ des ports du Sud et de leur arrivée dans ces mêmes ports.

Nous nous sommes assurés par nous-mêmes que le blocus n'était nullement effectif; c'est pourquoi nous ne partageons pas l'opinion du *Times*, lorsqu'il conclut que celui même qui serait parvenu à entrer en Chine, ne réussirait pas à pénétrer dans les États Confédérés.

Nous ajouterons que pendant une semaine de séjour dans un port des colonies anglaises des Antilles, au mois de mai, nous avons compté huit steamers et une flotte de petits navires à voiles arrivant directement des ports du Sud avec le pavillon confédéré flottant à la corne. Depuis, tous ces steamers, chargés d'armes et de munitions, sont rentrés en forçant le blocus, à l'exception de deux, dont l'un a été capturé par les Yankees; l'autre s'est jeté à la côte; sa cargaison a été sauvée par les Confédérés, près de Charleston.

---

(1) Par ligne indirecte des steamers du Sud, nous entendons parler des navires qui font le service des Antilles, où les voyageurs trouvent presque chaque jour les moyens de se rendre aux États Confédérés.

A notre retour, cependant, nous trouvâmes que les ports anglais de Nassau et des Bermudes étaient bloqués plus efficacement que ceux de Charleston et de Wilmington, et que, dans le voisinage de ces îles, il se faisait des prises d'une valeur plus considérable qu'ailleurs.

Les croiseurs du Nord, depuis trois mois, ont régné en maîtres sur la mer, dans ces parages ; ils abordaient des navires sous pavillon britannique, allant d'un port anglais à un autre, faisaient feu sur eux et réussissaient, par une grande audace, à s'en emparer. C'est ainsi que le *Circassien* a été capturé au mépris de tout droit des gens. Ils ont déployé la même « audace heureuse » dans les eaux de la Havane et des autres ports de l'île de Cuba, à la grande indignation du capitaine-général. L'Espagne a, dit-on, pris bonne note de ces faits.

Mais tout ceci est étranger au but de notre récit, car il est à espérer que le comte Russell aura pris les mesures propres à empêcher cette trop libre interprétation des clauses du nouveau traité conclu entre lord Lyons et M. Seward, et à obtenir satisfaction des outrages commis envers le pavillon britannique, dans le genre de celui de l'immortel Wilkes. La motion récente de M. Gregory devant le Parlement indique l'intérêt que l'on attache aux réclamations adressées à cet égard au gouvernement anglais.

Revenons à notre sujet.

Arrivé à la Nouvelle-Orléans au moment des revers des Confédérés à Donelson, je me dirigeai sur Richmond en traversant tous les États de l'Ouest. L'agitation causée par les succès des Fédéraux n'était égalée que par un profond étonnement des populations du Sud, qui n'avaient pas su apprécier à leur juste valeur les forces de leurs ennemis, et principalement la puissante marine dont ils disposaient, erreur toujours très-grave !

Le résultat de cette impression a été de réveiller l'ardeur belliqueuse de la population entière et de la stimuler à une action vigoureuse et effective. En effet, jamais les habitants du Sud n'avaient songé qu'ils auraient à se mesurer avec leurs adversaires, sur leur propre territoire. L'idée de l'occupation des villes du Sud par les Yankees ne leur était venue que lorsqu'elle devint un fait accompli par la présence des canonnières et de la marine ennemies.

La frontière était depuis longtemps le seul théâtre de la guerre qui n'avait été signalé que par l'occupation de Hatteras et Port-Royal, endroits si peu importants de la côte confédérée, que la population de l'extrême Sud ne pouvait se douter, jusqu'à un certain point, de l'état de guerre. Mais la soudaine énergie et la surprenante activité déployées par le Nord dans ses descentes simultanées sur le Mississipi et dans les ports de l'Atlantique, ont, pareilles au son de la trompette, éveillé les voluptueux planteurs et les hardis pionniers du Sud-Ouest, et toute la population a couru spontanément aux armes. Pour la première fois, la contrée entière, dans le Sud, s'est transformée tout à coup en un camp immense. La pensée que l'adversaire qu'ils méprisaient avait profité de leur assoupissement pour poser le pied sur leur sol, produisit sur l'esprit public une exaspération qui ne se peut exprimer.

L'impression dominante que nous avons ob-

servée pendant notre séjour dans le Sud, était
un sentiment d'amère mortification de ce que
l'ennemi eût partiellement triomphé par suite
d'une trop grande confiance, et que Bull's Run
ait été suivi de Fort Donelson, Fort Pulaski et
autres revers éprouvés par les Confédérés. La
perte de la Nouvelle-Orléans ne peut être im-
putée à un manque de prévoyance ou de cou-
rage de la part des généraux ou du peuple du
Sud. Le fleuve, irrité, gonflé par les pluies,
avait monté avec une puissance irrésistible,
balayant les barrières que le génie humain avait
vainement opposées à son courant impétueux.
La même crue de la rivière avait élevé les canonnières des assaillants au-dessus du niveau
de la ville, de telle sorte que les canons, sur la
berge, ne pouvaient plus être pointés contre
elles ; la reddition devint alors une nécessité.
Elle ne profita en rien à l'ennemi, puisque
trois mille deux cents balles de coton et une
grande quantité de sucre et de mélasse furent
détruites par l'eau et le feu avant son arrivée,
et c'est à la lueur de ce sinistre incendie que la
flotte hostile s'est présentée devant une ville

dont toute la population mâle, en état de porter les armes, avait rejoint les différents corps d'armée de l'intérieur.

L'occupation de la Nouvelle-Orléans n'est, par conséquent, qu'un embarras pour les Fédéraux, qui se voient obligés d'y maintenir une force considérable pour en imposer aux habitants, et soumettre vieillards, femmes et enfants au programme arbitraire du général Butler, tel qu'il nous l'a exposé dans ses célèbres ordres du jour. La proclamation de M. Lincoln qui ouvre la Nouvelle-Orléans au commerce n'est pas sérieuse ; il a oublié que le pays avoisinant est encore au pouvoir des Confédérés. D'ailleurs, le Président ayant restreint l'exercice des affaires aux personnes reconnues « citoyens légaux, » ses propres soldats réunissent seuls cette condition. Le général Butler ne permet pas aux navires français et anglais se rendant à la Nouvelle-Orléans, d'entrer en communication avec les planteurs qui conservent leurs cotons sur leurs plantations, hors de la portée de leurs « frères du Nord. » La disette de coton, en Europe, ne doit donc pas être attribuée au Sud, tout disposé à le vendre, mais bien au Nord, qui étouffe le commerce par son blocus et ses armées, et impose une quarantaine de quarante jours aux navires se rendant des Antilles à la Nouvelle-Orléans.

Pour résumer brièvement les résultats de nos trois mois d'observations dans les États Confédérés, et sans entrer dans les détails, nous ferons remarquer :

I

Qu'avec l'esprit de la population entière qui est enflammée de haine envers les envahisseurs yankees, avec une armée probablement égale en nombre à celle du Nord, certainement supérieure sous le rapport du moral, commandée par les meilleurs généraux de l'ancienne armée et de nouveaux tels que Stonewall Jackson; avec des chances égales, après quinze mois de lutte, de transporter à Washington le siége entrepris avec si peu de succès devant Richmond, la soumission du Sud doit paraître un rêve à tout homme qui veut réfléchir sérieusement. Telle était notre conviction alors que nous étions encore dans le pays et avant que les défaites récentes du Nord eussent rendu cette opinion populaire. Telle était la ferme croyance du président du Sud et de ses généraux dans la ville de Richmond, lorsque Mac-Clellan s'est mis en marche de Manassas. Il ne paraît jamais avoir existé dans l'esprit du Sud l'ombre d'un doute quant à l'issue de cette campagne, et dès avril, nous avons entendu des personnes haut placées dans la confiance du Gouvernement, nous prédire que le courant de la guerre changerait de direction et, au lieu d'une invasion du Sud, deviendrait une marche dans le Nord.

II

Afin de contre-balancer tous les succès obtenus par les Confédérés, on a répandu partout que, malgré la défense courageuse et désespérée du Sud, qui se bat pour ses foyers et sa patrie, pour sa liberté et l'honneur de ses femmes, sa résistance devait avoir un terme; car le nombre supérieur de soldats que possède le Nord joint à « ses ressources considérables, » lui assureront tôt ou tard une victoire complète. Quelles sont actuellement ces « ressources » après un an d'une guerre entreprise sur une échelle sans pareille de grandeur et de prodigalité, surpassées seulement par un ton de superbe arrogance? Ces « ressources » sont : un Trésor sur le point de faire banqueroute, appuyé sur un crédit paralysé; des banques en guerre ouverte avec le ministre Chase, s'opposant à ses efforts de soutenir le crédit de l'État en l'endettant davantage; l'or à 20 pour cent de prime; un commerce qui déjà n'existe que de nom; un nouveau tarif prohibitif qui élève une muraille de la Chine entre le Nord et l'extérieur; une armée composée en grande partie de mercenaires étrangers, commandée par le rebut du vieux monde et les subtils avocats et politiques du Massachusetts et de New-York. Il faut bien l'avouer, les émigrants allemands et irlandais constituent la majeure partie des soldats de cette armée dont la mission est de « restaurer l'Union. » Ajoutez à cela les violentes récriminations des différents meneurs les uns contre les autres;

les intérêts en lutte du Nord-Est contre ceux du Nord-Ouest ; les rivalités de Boston, New-York, Philadelphie et Cincinnati : la fourmilière de spéculateurs corrompus s'engraissant de la guerre comme des sangsues et condamnés par le Congrès lui-même dans la personne de ministres envoyés par le président Lincoln en un exil *honorable*, en qualité d'ambassadeurs auprès de cours étrangères ; un manque général de confiance, la désorganisation du gouvernement de Washington, l'écroulement peut-être prochain de ce colosse d'argile : tel est le vrai tableau des « ressources » si vantées de la nation yankee.

Il y a cependant un élément sur lequel le Nord est réellement puissant et où le Sud ne peut pas lutter à armes égales. Les officiers de marine du Sud ayant remis avec un honneur vraiment chevaleresque, aux mains de M. Lincoln, tous les bâtiments de l'ancienne marine dont ils avaient le commandement, ont donné au Nord l'empire de la mer et celui-ci en a profité d'une manière fatale pour le Sud. Les véritables et seuls succès du Nord ont été dus uni-

quement à sa marine et à ses canonnières, et
ce n'est que depuis que le Sud a adopté le prin-
cipe d'attirer les agresseurs loin de leur appui,
qu'il a obtenu une série d'avantages. Le Sud
n'a pu jusqu'ici suppléer à son manque de marine, bien que nous ayons vu en cours de construction dans plusieurs de ses ports, des bâtiments de différentes espèces, dont une partie
est probablement achevée en ce moment, tandis qu'une autre partie était commandée à
l'extérieur. Quelques-uns des officiers les plus
distingués et les plus renommés de l'ancienne
marine (la majeure partie) ont suivi la destinée
du Sud et attendent l'achèvement de leurs navires pour disputer au Nord sa surveillance
vigilante sur la mer. Cependant, en dépit de ces
circonstances, c'est le Sud qui, lorsque nous
étions à Richmond, a fait le premier la grande
expérience destinée à produire une révolution
sur la manière de soutenir une guerre maritime.
Nous parlons, bien entendu, de l'exploit du *Mer-
rimac* à Hampton's Roads, conception purement
nationale et dont les auteurs nous sont connus.
Si la Nouvelle-Orléans n'avait pas été prise à la

suite d'un coup de main heureux que la crue des eaux avait rendue possible, cette expérience se serait complétée par les trois navires dont la construction était presque achevée et que l'on fut obligé de détruire sur leurs chantiers pour les empêcher de tomber au pouvoir des ennemis.

III

Mais, dit-on, le Sud a besoin d'armes et de munitions de guerre ; il ne peut pas les fabriquer, manquant d'outils et d'ouvriers, ni les importer à cause de l'efficacité du blocus. Cette assertion, semblable au chant du coucou, a été si souvent répétée, qu'elle est devenue une croyance générale. Eh bien ! nos observations personnelles lui donnent un démenti dans les deux cas. Les armes et les munitions de guerre sont fabriquées dans le Sud, où l'on rencontre à la fois les machines et le travail intelligent en pleine activité, *me ipso teste* ; d'autre part, pendant une semaine d'avril, dans un seul port de mer de la Confédération, nous avons assisté à l'arrivée de navires apportant des assortiments complets d'armes et d'artillerie et de la poudre par milliers de livres. Si les Confédérés combattent sans armes ou avec des armes inférieures, contre les Fédéraux qui, chacun le sait, sont approvisionnés des meilleures carabines Enfield et de poudre de premier choix, les revers de l'armée fédérale et le carnage effrayant qui les accompagnait, peuvent bien être considérés comme miraculeux (1). On a oublié également que les habitudes du Sud, où chaque blanc est possesseur d'armes et accoutumé à s'en servir, ont fait de ce pays un immense arsenal ; les armes personnelles s'appliquant à des usages particuliers, sont généralement les meilleures pour la perfection du tir et dans les batailles où les fédéraux évitaient de charger à la baïonnette. Pendant que

(1) Au moment de mettre sous presse, nous recevons d'une source officielle la liste ci-jointe des prises faites par les Confédérés sur leurs adversaires, devant Richmond. Le matériel de guerre du Sud se trouve ainsi considérablement augmenté :

80 canons de siége dans un ordre parfait; 200 canons encloués; 1,700 mules ; 2,500 chevaux; 62,000 armes avec leurs accessoires. Tout le train des équipages, les munitions et magasins. Des magasins de diverses natures, évalués à 6,000,000 de dollars. Le fameux ballon, avec son attirail.

Les prisonniers sont : 2 majors-généraux, 6 brigadiers-généraux, 13 colonels, 180 officiers, 11,000 soldats.

nous nous trouvions dans la Confédération, le Président a fait appel aux particuliers, pour avoir leurs armes; la quantité produite a été étonnante. De plus, on en reçoit continuellement d'outre-mer, malgré le blocus; car l'immense étendue de côtes déjoue la vigilance de toutes les forces humaines qui sont impuissantes à les surveiller efficacement. D'après les souvenirs militaires du président Davis, on organisa pour en faire l'expérience, des régiments de lanciers, ce qui fit imaginer aux voyageurs l'histoire des « régiments armés de « faulx » qui a obtenu un certain crédit en Europe. Ceux que nous avons vus ainsi armés, ne marchaient pas au combat, composés qu'ils étaient de ceux que le Nord désigne humainement sous la dénomination de « contrebande (1). Ces braves gens allaient à leur travail quotidien, pendant que ceux pour lesquels ils recueillaient la subsistance, récoltaient au loin des moissons d'un autre genre, sur les champs sanglants de la Virginie où du Tennessee.

(1) Par contrebande, le Nord a voulu désigner les noirs.

IV

Une autre méprise, qui est très-générale, a trait aux approvisionnements. On dit que le Sud peut être affamé, qu'il est à court de provisions. Quiconque connaît tant soit peu ce pays, ses immenses ressources dans la production de céréales, de bestiaux et autres nécessités de la vie, ne peut même pour un instant donner créance à une pareille assertion. Le caractère de son « institution particulière, » qui permet à toute la population mâle des blancs d'aller à la guerre, lui conserve plusieurs milliers de travailleurs habitués aux travaux des champs, ce qui lui donne un grand avantage sur le Nord, où le travail se trouve arrêté par les réquisitions de l'armée. L'État du Texas, dont l'étendue est aussi grande que la France, à lui seul fournirait en grains, moutons et bestiaux, de quoi nourrir la Confédération tout entière, tandis que tous les États du Sud et du Sud-Ouest produiraient du maïs, du riz et d'autres céréales en quantité suffisante pour subvenir à la nourriture indéfinie du peuple, sans avoir recours à des importations étrangères. Par surcroît de précaution et pour parer aux événements imprévus, les planteurs du Sud ont diminué leur production de coton, augmenté celle des céréales et donné plus de soins qu'à l'ordinaire à leurs pâturages et à l'élevage des bestiaux. Il est vrai que dans les hôtels et les maisons particulières dans lesquelles nous avons été reçus, le café, le thé, les vins français, la bière anglaise et les objets de luxe étaient rares. En ce qui concerne l'habillement des hommes et des femmes, on était obligé de remplacer la soie, le drap fin, par des étoffes plus simples, meilleur marché et provenant de nos manufactures. Chacun semblait prendre à orgueil un pareil sacrifice. Quant aux objets de première nécessité, nous n'avons trouvé aucune espèce de lacune dans n'importe quelle région du pays. Un grand changement s'est produit dans la funeste habitude de boire, vice tout aussi américain qu'anglais. Si le cœur du père Mathew (1) devait revenir visiter cette sphère, il se réjouirait de ce que nous avons

(1) L'apôtre de la tempérance.

vu dans la Confédération. L'abstinence complète, la plus stricte et la plus absolue, a été ordonnée par le gouvernement à la population entière, la vente et l'usage des liqueurs enivrantes a été défendue partout, sous peine de punitions très-sévères, ce qui a été observé du consentement général aussi bien que par respect à la loi; la sobriété est ainsi devenue une institution réelle du pays. Sous l'empire de cette règle, le changement que nous avons observé dans les habitudes du Sud a été aussi soudain que parfait; s'il peut persister, les bienfaits qu'il en retirera seront incalculables.

V

Mais les Nègres! là est la source de faiblesse pour le Sud, s'écrient des personnes bien intentionnées, dont la philanthropie, stimulée par le roman de Madame Stowe, se représente l'esclave comme n'aspirant qu'à massacrer son maître. Il n'y a jamais eu de plus grande erreur, si le témoignage de notre propre expérience peut être de quelque poids. Nous avons apporté une attention particulière à cette classe intéressante pendant notre séjour dans le Sud. Au lieu d'être une source de faiblesse, les esclaves ont pour beaucoup contribué à la force du Sud par leur heureuse résistance aux prétendus « amis des noirs » (ainsi que les abolitionistes du Nord s'intitulaient eux-mêmes), et en restant sourds à leurs provocations et à leurs désirs de renouveler les indicibles horreurs de Saint-Domingue. Loin d'être insubordonnés ou de se révolter, les esclaves ont chaudement sympathisé avec leurs maîtres (sauf quelques rares exceptions), nourrissant contre les envahisseurs yankees une haine et une crainte capables de frapper d'étonnement, surtout lorsqu'ils connaissent leur projet avoué de les rendre à la liberté. Leurs raisons, pour cela, sont évidentes. L'attachement local du Nègre est très-fort; il ne connaît d'autre pays que l'endroit où il a été élevé et où il vit; il ne connaît d'autres amis que la famille de son maître et les blancs et les noirs qui ont grandi avec lui et qui vivent dans le voisinage. Sa condition était bien plus douce avant la guerre que maintenant; car les petites douceurs en dehors des besoins de la vie auxquelles il était habitué, ont été restreintes du jour où ses maîtres se sont eux-mêmes imposé cette privation. Il n'a ni confiance dans les Yankees, ni affection pour eux ; car ils l'ont toujours maltraité, quand il a été en contact avec eux, ce que Madame Stowe elle-même admet, en faisant un homme du Nord de Legree, le brutal régisseur ; c'est là presque le seul vrai tableau dans ce livre. Le nègre sait fort bien par expérience que le Yankee n'a aucune sympathie réelle pour sa race. Dans les villes du Nord, le blanc ne lui permettra pas de manger, boire, se marier ou prier avec lui ; les omnibus dans les rues, les wagons sur les voies ferrées lui sont fermés, et le privilége de voter ne serait exercé par lui qu'avec danger de la vie. Sa liberté est donc une lettre morte. Durant cette invasion du Sud, la seule faveur accordée à la « contrebande » a été d'être assujettie dans les tranchées à un travail plus dur que celui auquel elle avait été accoutumée dans les champs de coton, travail qui mettait chaque jour sa vie en péril, ce que la race africaine n'aime guère.

M. Bright, le débonnaire représentant du parti de la paix, qui maintenant ne veut de cette paix à aucun prix, trouverait dans le nègre un puissant avocat de ses premiers principes. Ce n'est que lorsque ses affections et ceux confiés à ses soins sont en péril que le nègre dompte sa poltronnerie. On a vu de nobles exemples de dévouement où les esclaves ont sauvé la propriété et protégé la vie des femmes et des enfants que le planteur avait placés sous sa garde. Nous n'avons pas appris que cette grande confiance ait jamais été trahie, et pendant que les pères, les frères et les fils combattent sous le drapeau de leur pays dans bien des habitations du Sud, les femmes et les enfants dorment avec tout autant de sécurité sous la protection de leurs « amis noirs » que s'ils étaient gardés par des armées. C'est pourquoi la malveillance infernale qui rêve une nouvelle tragédie de Saint-Domingue pour le Sud, échouera dans ses dessins. Le recours désespéré des Yankees à l'expédient d'armer les esclaves pour reconstituer les forces décimées de Mac Clellan et échapper ainsi à la mort par le sabre ou les maladies que le Nord tremble d'affronter malgré sa population de vingt millions de blancs, sera aussi vain, aussi inutile que les premiers efforts. Le noir ne deviendra pas l'instrument d'une telle philanthropie, mais préférera l'état des choses auxquelles il a été habitué, ce qui lui a permis d'atteindre un âge patriarchal au milieu de la tranquillité et des jouissances matérielles.

La conduite du nègre, durant cette lutte sanglante, a été dévouée à tel point, que si quelques mesures propres à améliorer son sort devaient être prises, leurs maîtres seront les premiers à modifier sa condition, sans toutefois les arracher au sol qui les a vus naître ou les transporter à l'extérieur, ainsi que le demandent les abolitionistes du Nord.

Nous venons d'essayer, au risque d'être accusé de prolixité, de transcrire des impressions sur le Sud fondées sur de récentes observations personnelles. Le cadre que nous nous sommes imposé ne nous permet pas de nous étendre davantage sur ce sujet ; mais nous devons ajouter qu'un des grands auxiliaires des succès du Sud est la confiance sans bornes qu'ont les masses de la population dans la justice de leur cause et dans son triomphe final, ainsi que dans les hommes d'État et de guerre qui les représentent : Jefferson Davis, Lee, Beauregard, Johnston, Stonewall Jackson et une foule d'autres moins connus au dehors, mais dont les noms sont familiers dans tout le Sud.

Jefferson Davis est à la seconde révolution américaine, ce que Washington était à la première; les rôles de ces deux hommes illustres offrent beaucoup de points de ressemblance. De même que Washington, Jefferson Davis réunit les qualités de militaire et d'homme d'État. Grand travailleur de cabinet, les mesures d'ordre et d'administration et les affaires diplomatiques lui sont aussi familières que celles de la guerre. Destiné par sa première éducation à suivre la carrière des armes, il devint officier distingué durant la campagne du Mexique, et homme d'État éminent par une longue expérience acquise dans le congrès de l'Union.

Comme le grand patriote de la Virginie,

Jefferson Davis (1) est homme du Sud par sa naissance ; les aspirations de sa vie entière ont toujours tendu à la liberté et à la gloire de son pays. Des germes de discorde existaient depuis longtemps dans l'Union, car la France et l'Angleterre n'ont pas été plus divisées sous le rapport de leurs intérêts, de leurs sentiments, de leurs habitudes et de leurs espérances, que ne l'ont été depuis les vingt dernières années les deux sections, Nord et Sud, de la grande république américaine.

Bien que cet état de choses fût à la connaissance de tous les hommes sérieux et qu'ils en comprissent toute la portée, ils ne l'avouaient qu'à regret, dirigeant leurs efforts, soit vers une modification de la constitution fédérale qui unissait les États entre eux, soit vers une dissolution pacifique de l'Union.

La question de l'esclavage n'y entrait pour rien, quoique le Nord ait adroitement, et pour donner le change à l'Europe, pris ce prétexte de guerre.

(1) Le portrait ci-joint est la reproduction fidèle d'un exemplaire en notre possession, le seul authentique que l'on ait publié jusqu'ici.

La source réelle des difficultés présentes remonte à des questions purement industrielles ; le Nord est manufacturier, tandis que le Sud est agriculteur. A ces causes viennent s'ajouter les différences de race et d'aptitude qui existent entre les deux peuples.

Ainsi que le démontrent les statistiques, le Nord a été peuplé par les races d'origine anglo-saxonne ; le Sud l'a été principalement par la race latine. Le descendant des puritains, ce général Butler, qui s'applique à faire la guerre aux femmes, est maintenant le digne proconsul du Nord à la Nouvelle-Orléans où la langue et les habitudes françaises trahissent l'origine de ses habitants. L'élément anglo-saxon que l'on retrouve dans le Sud, remonte à la noblesse royaliste bannie au temps de Cromwell, et il est vraiment étrange de voir aujourd'hui les descendants des anciens puritains ressusciter en Virginie, la discorde, qui, il y a quelques siècles, a livré l'Angleterre aux horreurs de la guerre civile.

Le Nord a aussi attiré à lui tous les révolutionnaires affamés et mécontents de l'Allemagne, tous les républicains rouges, presque tous les émigrants irlandais, pour soutenir l'effectif de son armée.

L'ensemble des mesures récentes de confiscation prises par le congrès du Nord, condamnant douze millions d'habitants à la peine de mort et leurs propriétés à être saisies, nous montre clairement l'esprit qui a présidé à cette guerre et le but vers lequel elle tend : l'accaparement des propriétés du Sud !

C'est l'ancienne doctrine puritaine formulée dans les deux résolutions suivantes :

« 1° Que la terre et tout ce qu'elle renferme est la propriété des saints ;

2° Que nous sommes nous-mêmes les saints. »

Le Nord, en arborant le drapeau de l'Union, n'ayant pu imposer au Sud des lois qui lui assureraient les fruits de son travail, a eu recours à la force, afin de contraindre malgré lui un peuple à la soumission.

Il ne combat plus maintenant pour la victoire mais dans un sentiment de haine et de vengeance. On peut juger jusqu'à quel point son affection pour le nègre dirige ses actes, d'après la position qui est faite à ce dernier dans les États du Nord ; ainsi il lui est de par la loi, interdit de s'établir dans plusieurs d'entre eux ; dans les autres il est privé de tous les droits et priviléges accordés aux autres nationalités. Même actuellement, c'est au bruit des proclamations retentissantes de M. Lincoln, qu'à Cincinnati des outrages viennent d'être commis par les habitants blancs sur les nègres libres.

Que ceux qui sont opposés à la cause du Sud, veuillent bien réfléchir sur cet état de choses ; espérons qu'ils examineront de nouveau l'opinion qu'ils se sont formée, par une connaissance imparfaite des faits et par une fausse appréciation du véritable caractère de la lutte, qui, du Nord et du Sud, a fait deux nations maintenant reconnues par l'opinion publique de l'Europe éclairée, bien qu'elles n'aient pas encore été formellement reconnues par les gouvernements étrangers.

FIN.